BALDUIN und das RÄTSELHAFTE ERBE

Begleitheft zur Sonderausstellung

„Saladin und die Kreuzfahrer"

für große und kleine Leute

von Karen Ermete

mit Illustrationen von Mesut Aydin

Junior Schriftenreihe „Wissen(schaft)" für Kinder des Landesmuseums für Natur und Mensch, Heft 9
Herausgegeben von Mamoun Fansa, Landesmuseum für Natur und Mensch,
Damm 38–44, 26135 Oldenburg

Gedruckt mit Mitteln des Landes Niedersachsen und

Kooperationspartner: NDR1Niedersachsen – Hallo Niedersachsen

Autorin: Karen Ermete
Illustrationen: Mesut Aydin
Graphik/Layout: Michael Elsner
Bildbearbeitung: Michael Elsner
Redaktion: Carola Lüdtke

Bibliografische Information der Deutschen Bibliothek

Die Deutsche Bibliothek verzeichnet diese Publikation in der Deutschen Nationalbibliografie; detaillierte bibliografische Daten sind im Internet über <http://dnb.ddb.de> abrufbar.

ISBN 3-89995-287-1

© 2006 Landesmuseum für Natur und Mensch
Alle Rechte vorbehalten
Gedruckt bei: Druckhaus Thomas Müntzer GmbH, 99947 Bad Langensalza/Thüringen

AKKON im JAHR 1210...

Balduin führte die prächtige Stute ‚Blitz' an ihren Zügeln in den Stall zurück. Ihr schwarzes Fell glänzte, denn Balduin hatte sie eine Stunde lang kräftig gestriegelt. Hugo würde hoffentlich zufrieden mit ihm sein. Balduin sah zum Himmel hinauf. Die Sonne ging schon langsam unter. Er überlegte, ob er noch Zeit hätte, kurz seinen Freund Heinrich zu besuchen. Heinrich war vor zwei Tagen zum Ritter geschlagen worden.

Obwohl Balduin immer viel zu tun hatte, hatte ihm der Ritter Hugo gestattet, dabei zu sein. Heinrich war schon viele Jahre bei den Tempelrittern. Bis vorgestern war er auch ein Knappe gewesen wie Balduin. Er kümmerte sich um die Pferde, um die Ausrüstung und Waffen seines Herrn, machte für ihn Besorgungen und half ihm beim Anlegen seiner Ritterrüstung. Doch jetzt war alles anders. Balduin erinnerte sich, wie feierlich alles gewesen war. Heinrich musste niederknien.

„Ich gelobe, ehrenvoll zu handeln", hatte Heinrich dem Ritter nachgesprochen. *„Ich werde mein Wort nicht brechen, ich werde die Schwächeren beschützen, ihnen kein Leid tun. Ich werde die Lehren der Kirche nicht vergessen, werde meinen Nächsten lieben, die Gebote befolgen und ich werde die Ungläubigen bekämpfen." „Ich schlage dich zum Ritter"*, hatte sein Herr erklärt. *„Sei gut, treu und großmütig!"*

Nun hatte Heinrich auch ein eigenes Pferd bekommen, einen schönen jungen Hengst. Es würde noch einige Jahre dauern, bevor aus Balduin ein echter Tempelritter werden würde. Vor wenigen Monaten erst war er nach Akkon gekommen. Sein Vater war als junger Mann als Kreuzritter nach Jerusalem gegangen, um dort die Heiligen Stätten zu beschützen. Vor wenigen Jahren war er nach Hause zurückgekehrt. Nun sollte Balduin ebenfalls ein Ritter werden. Das Leben in der Templerburg war arbeitsreich und hart. Balduin musste am Morgen in der Frühe aufstehen, die Stute seines Herrn Hugo versorgen, dann ging er mit den anderen Rittern und Knappen in die Kapelle, um zu beten. Nach dem Gebet gab es in der großen Halle Frühstück, Brei und Brot.

Arme Ritter (Rezept für 4 Personen)

Zutaten: 4 Scheiben Weissbrot oder Toast, 4 Eier, 30 ml Milch, etwas Margarine oder Butter zum Braten, Zucker und Zimt.

So wird's gemacht: Die Eier in einer Schüssel aufschlagen und mit der Milch verrühren. Die Brotscheiben in dieser Flüssigkeit ein paar Mal wenden.
Das Fett in die Pfanne geben und die Brotscheiben von beiden Seiten goldbraun braten.
Mit Zimt und Zucker bestreuen.

PAGEN, KNAPPEN und EDLE RITTER ...

Nur ein Junge aus vornehmer Familie konnte Ritter werden. Im Alter von etwa sieben Jahren verließ der Junge sein Elternhaus. Er trat als Page in den Dienst eines Ritters. Dort lernte der Page, sich zu benehmen und die Grundtugenden eines Ritters. ‚Sich ritterlich verhalten', diesen Ausspruch kennt man heute noch. Damit sind die Tugenden eines Ritters gemeint. Dazu gehören der Schutz von schwächeren und älteren Menschen, Höflichkeit, Anstand, Ehre, Wahrhaftigkeit.

Ihre Ausbildungszeit war damit aber noch nicht vorbei. Mit etwa dreizehn oder vierzehn Jahren konnten die Pagen dann zum Knappen ernannt werden. Das geschah in einer feierlichen Zeremonie.

Zu den Aufgaben eines Knappen gehörte es, seinem Herrn beim Anlegen seiner Rüstung zu helfen und ihn auf Kriegszügen zu begleiten. Außerdem pflegte er das Pferd seines Herrn.

Nasalhelm. *Die Helme der Ritter besaßen einen Nasenschutz (Nasal) und eine spitze Helmglocke.*

Kettenhemd. *Das Kettenhemd bestand aus unzähligen kleinen, ineinander verflochtenen Eisenringen. Es bot guten Schutz vor Schnittverletzungen. Für ein einziges Hemd wurden je nach Größe mindestens 30.000 Ringe gebraucht. Es wog etwa 10-12 Kilo.*

Wenn der Knappe sich einige Jahre tapfer bewährt hatte, konnte er zum Ritter geschlagen werden. In dieser Zeit lernte er Kämpfen, Laufen, Reiten und Schwimmen, aber auch ein Instrument und Schach zu spielen.

Dieser Ritter trägt einen Helm mit Nasenschiene und ein Kettenhemd, das direkt am Helm angebracht ist. An dem Lederriemen über dem Kettenhemd war wohl der Schild befestigt. Mit seiner linken Hand hielt der Ritter den Schild, mit der Rechten trug er vermutlich eine Lanze oder eine andere Waffe.

Schwerter, Deutschland, 12. Jahrhundert. *Ein solches Schwert war für Hieb und Stich geeignet. Es konnte auch einen der damals üblichen Maschenpanzer durchstoßen.*

Balduins Miene verfinsterte sich, als er an Hugo dachte. Hugo war grob, groß und dick, um nicht zu sagen, fett. Sein Gesicht war vom vielen Wein krebsrot, und er war bereits früh am Morgen übel gelaunt. An den meisten Tagen besserte sich seine Laune auch bis zum Abend nicht. Wenn Balduin trödelte, seine Arbeiten nicht gewissenhaft erledigte oder zu spät zum Gebet kam, dann bestrafte ihn Hugo hart. Dies schien ihm diebische Freude zu bereiten. Vor ein paar Tagen war Balduin zu spät gekommen. Er sollte auf dem Markt von Akkon etwas besorgen und hatte getrödelt. Der Markt war bunt, schön, und es gab so viel zu bestaunen, so dass er die Zeit vergessen hatte. 10 Hiebe hatte es dafür gegeben!

Balduin seufzte. Er packte den Striegel in eine Kiste und machte sich auf den Weg in die große Halle. Schon auf dem Weg hörte er Hugos Stimme donnern. Offenbar war er wieder einmal betrunken.

Balduin betrat die Halle und sah Hugo an einer langen Tafel mit zwei anderen Rittern sitzen. Sein Gesicht war wutverzerrt.

Balduin räusperte sich. Hugo hörte ihn nicht. „Ich habe es miterlebt, ich habe ihn gesehen, diesen Sultan Saladin, der die Stadt an sich gerissen hat, uns aus unserem Land vertrieben hat. Tapfer habe ich gekämpft und dabei mein rechtes Auge verloren. Als ich ..." ‚Oh je, das schon wieder', dachte Balduin.

‚Nun kommt wieder die Geschichte, in der ihm angeblich ein Sarazene mit einem Bogen mitten ins Auge geschossen hat, und er trotzdem noch mit seinem Schwert halb blind zwei Muslime besiegen konnte.' Von Johannes, dem Stallburschen, hatte er eine andere Version gehört. Hugo war betrunken gewesen, hatte mit zwei französischen Rittern eine Wette abgeschlossen und konnte nicht zahlen. Als diese sahen, dass Hugo keinen Dinar bei sich hatte, kam es zu einem Kampf. Dabei bohrte einer der Ritter Hugo einen Federkiel durchs Auge! Hugo brüllte: „Mit meinen eigenen Händen werde ich sie wieder vertreiben", und ballte seine groben Hände zu einer Faust, „so wie wir es schon einmal getan haben!

WAS SIND „KREUZZÜGE"?

Als „Kreuzzüge" wird heute eine Reihe von so genannten „heiligen" Kriegen bezeichnet. In diesen kämpften christliche Ritter, Soldaten und Bauern gegen Andersgläubige. Häufig waren die Gegner Muslime. Zwischen den Jahren 1096 und 1270 gab es sieben größere Kreuzzüge in den Orient.

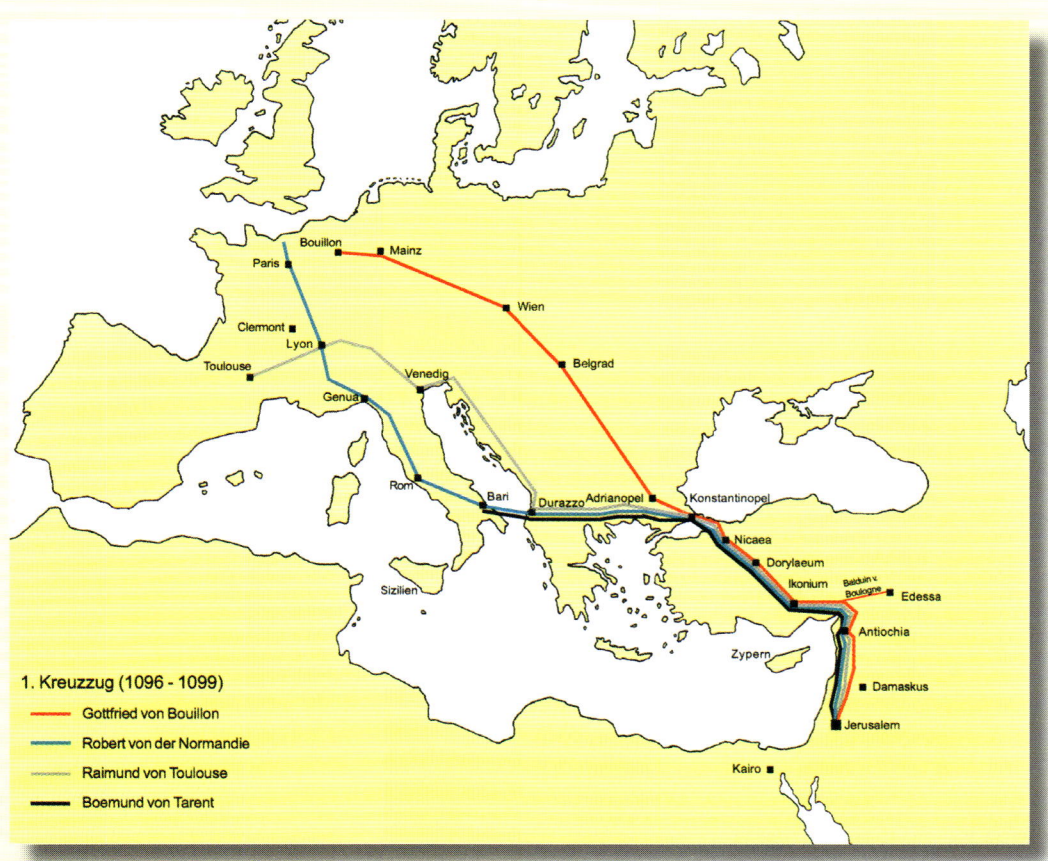

Diese Wege nahmen die Ritter auf dem Ersten Kreuzzug.

DER ERSTE „KREUZZUG"

Im Sommer 1096 zog erstmals ein großes christliches Heer nach Osten. Nur wenige Jahre zuvor hatten seldschukische (türkische) Truppen große Teile Kleinasiens und des Vorderen Orients erobert. Der oströmische Kaiser Alexios I. bat daraufhin den Papst um Hilfe, da die Eindringlinge auch sein Land besetzt hatten.

Papst Urban II. predigt in Clermont den Ersten Kreuzzug.

Papst Urban II. hielt auf einer kirchlichen Versammlung in der französischen Stadt Clermont eine Rede. Er forderte die christlichen Ritter auf, in den Krieg gegen die Muslime zu ziehen. Sie sollten schwören, das Heilige Land wieder aus der Hand der Muslime zu befreien. „Und wer nicht sein Kreuz auf sich nimmt und mir nachfolgt, ist meiner nicht würdig." (Matthäus 10,38), zitierte er aus der Bibel.

Als äußeres Zeichen für diesen Schwur schnitten die Ritter Tücher in Streifen und nähten sich ein Kreuz auf ihre Gewänder. Daher stammt der Ausdruck „Kreuzzug".

Damals wurden diese Kriege noch nicht als Kreuzzug bezeichnet. Es wurde von einer Pilgerfahrt oder einer Pilgerreise gesprochen.

Kniender Kreuzfahrer.

WARUM ZOGEN SO VIELE RITTER IN DEN ORIENT?

Der Papst machte den Rittern große Versprechungen. Er sagte jedem, der in diesen Krieg zog, zu, dass er von allen seinen Sünden befreit würde. Doch dies war nicht der einzige Grund, der die Menschen dazu bewog, ins Heilige Land aufzubrechen.
Ein Zeitgenosse schreibt über die Beweggründe der Kreuzfahrer:

> *„Ihre Absichten waren verschieden. Einige Neugierige zogen, weil sie neue Gegenden besuchen wollten. Andere zwang die Armut; weil es zu Hause knapp zuging, kämpften sie, um der Armut abzuhelfen, nicht nur gegen die Feinde des Kreuzes, sondern auch gegen die Freunde des christlichen Namens, gerade wie es ihnen günstig erschien. Andere wurden von ihren Schulden bedrückt oder wollten die ihren Herren geschuldeten Dienste verlassen oder hatten wegen Verfehlungen Strafe zu erwarten".*

Nicht alle hatten also religiöse Gründe. Viele waren neugierig und abenteuerlustig. Andere hatten von Kaufleuten gehört, dass man im Heiligen Land sehr schnell reich werden könne. Andere wiederum waren sehr arm. Oder sie hatten Straftaten begangen und wollten einer Bestrafung entgehen.

Nun sitzen sie auf unseren Heiligen Stätten, die Sarazenen, und sie scheißen auf das, was uns heilig ist. Die Stätten, an denen unser Herr Jesus Christus wandelte, befreien werden wir sie aufs Neue. Es wird keine Gnade geben! Ich erkundete gerade die Lage und warnte noch den Grafen", sprach Hugo mit donnernder Stimme, „dass Sultan Saladin auf die Stadt zukam, mit 10.000 Mann. Ich stellte mich bereit, als ein Sarazene mir mit einem Pfeil mitten ins Auge schoss. Hinterhältig sind sie, diese Muslime, sie stellen sich nicht dem direkten Kampf, sondern sie greifen aus dem Hinterhalt an. Doch trotzdem..."

Um die europäischen Ritter gegen die Muslime aufzustacheln, wurden zahlreiche Geschichten erfunden und Lügen verbreitet. Z.B. dass die Muslime die Heiligen Stätten der Christenheit zerstörten und schändeten.

‚Nun kommt es wieder', dachte Balduin ... und konnte sich gerade noch zusammenreißen, um nicht die Augen zu verdrehen. Da hatte Hugo ihn entdeckt. „Bursche, da bist du ja! Wo hast du bloß so lange gesteckt? Setze dich zu uns, ich will dir wohl einen Becher Wein geben. Dann hörst du von den Abenteuern und dem Mut eines wahren Ritters."
In diesem Moment betrat Clemens den Raum. Hugo und die anderen beiden Ritter erhoben sich. Clemens war ein Seneschall, einer der Vertreter des Großmeisters der Tempelritter. Alle hatten großen Respekt vor ihm. „Ich möchte Balduin gerne sprechen", sagte er.
Balduin folgte dem Seneschallen in dessen Arbeitsbereich. „Nun bist du schon seit einigen Monaten bei uns", sprach Clemens freundlich und ruhig. „Sprich: wie gefällt es dir? Möchtest du ein Ritter werden?" „Ja, das möchte ich", sagte Balduin... und hielt seinen Blick gesenkt.

DIE Eroberung JERUSALEMS

Die Kreuzritter, die sich im Jahr 1096 auf den Weg in den Orient machten, zogen zuerst durch das Gebiet der heutigen Türkei. Nachdem sie dort einige Städte von den Seldschuken erobert hatten, marschierten sie entlang der Mittelmeerküste durch die heutigen Staaten Syrien und Libanon nach Jerusalem. Denn die Befreiung der Heiligen Stadt war ihr eigentliches Ziel.

Die Eroberung Antiochias (heute Antakya in der Türkei).

Jerusalem war seit Jahrhunderten eine islamische Stadt. Sie war gut befestigt, die Bevölkerung für eine längere Belagerung gerüstet. Die ankommenden Kreuzfahrerheere mussten die Kriegsmaschinen für die Erstürmung der Stadt erst bauen. Im Juli 1099 gelang es den Kreuzfahrern schließlich die Stadt einzunehmen.

Die Kreuzfahrer wüteten schrecklich unter der Bevölkerung. Sie mordeten und plünderten.

> *„In der Stadt verfolgten und töteten unsere Pilger die Sarazenen bis zum Tempel Salomos, wo sie sich versammelten und während des ganzen Tages den Unseren den wütendsten Kampf lieferten, so dass der Tempel von ihrem Blut triefte. Endlich, nachdem sie die Heiden niedergezwungen hatten, fingen die Unseren im Tempel eine große Anzahl von Kindern und Frauen und töteten sie oder ließen sie am Leben, wie es ihnen gutdünkte (…). Die Kreuzfahrer liefen bald durch die Stadt, rafften Gold, Silber, Pferde, Mulis zusammen und plünderten die Häuser, die vor Reichtum überflossen."*

Dieses sinnlose, grausame Massaker blieb lange im Gedächtnis von Juden und Muslimen.

DIE EROBERUNG EINER STADT

Um eine gut befestigte Stadt einzunehmen, wurde diese zunächst belagert. Die Angreifer hofften, dass den Bewohnern Wasser und Lebensmittel ausgehen würden. Jerusalem war auf eine solche Belagerung vorbereitet. Die Einwohner besaßen große Vorräte.

Deshalb wurde versucht, die Stadt gewaltsam einzunehmen. Mit Katapulten wurden Steinbrocken oder brennendes Material auf Schwachstellen wie z.B. Holzdächer geschossen.

Kreuzfahrer schleudern während der Belagerung Nicaeas die Köpfe der Feinde in die belagerte Stadt.

Eine Balliste funktioniert wie eine riesige Armbrust auf Rädern. Mit ihr wurden große und schwere Bolzen abgeschossen, deren Spitze aus brennbarem Material bestand und angezündet wurde.

Balduin sagte: „Ich möchte ein Ritter sein wie mein Vater." „Ich kenne deinen Vater", erwiderte Clemens. „Er hat aufrecht und tapfer um Jerusalem gekämpft." „Das möchte ich auch", sagte Balduin schnell, „ich möchte die Muslime wieder aus Jerusalem vertreiben. Ich möchte, dass die Heiligen Stätten wieder in den Händen der Christen sind." „Was weißt du denn über die Muslime?" fragte Clemens. „Nicht viel", gestand Balduin. „Sie haben uns die Heiligen Stätten geraubt. Hugo sagt, sie sind hinterhältig. Sie haben keinen rechten Glauben und sie sind gefährlich." „Höre nicht auf Hugo", sprach der Seneschalle. „Nicht jeder Ritter hat es verdient, ein Ritter zu sein. Weißt du, dass die Muslime ebenso ihre Heiligen Stätten in Jerusalem haben?" fragte er. Balduin sah ihn erstaunt an. „Aber Jerusalem ist doch die Stadt, in der Jesus Christus gelebt hat und in der er gekreuzigt wurde", entgegnete er.

„Und die Stadt, in der der Tempel Salomos stand, das höchste jüdische Heiligtum", erklärte Clemens. „Und die Stadt, von der aus Mohammed, der Prophet der Muslime, auf einer nächtlichen Reise in den Himmel aufgestiegen ist. An diesem Ort war noch sein Fußabdruck zu sehen. Dort hatten dann die Muslime vor mehr als 400 Jahren den Felsendom erbaut. Die Muslime haben die Stadt in dieser Zeit erobert. Seitdem befand sie sich in ihren Händen, bis die Kreuzfahrer sich vor etwas mehr als 100 Jahren auf den Weg machten, um sie zurückzuerobern. Mehr als 300 Jahre lebten Juden, Christen und Muslime in der Stadt zusammen. Und dies fast immer friedlich."

Für Juden ist der Tempel das höchste Heiligtum. Er wurde vor 3.000 Jahren errichtet. Mehrmals wurde er zerstört und wieder aufgebaut. Heute ist von dem ganzen Tempelbezirk nur noch die Klagemauer übrig.

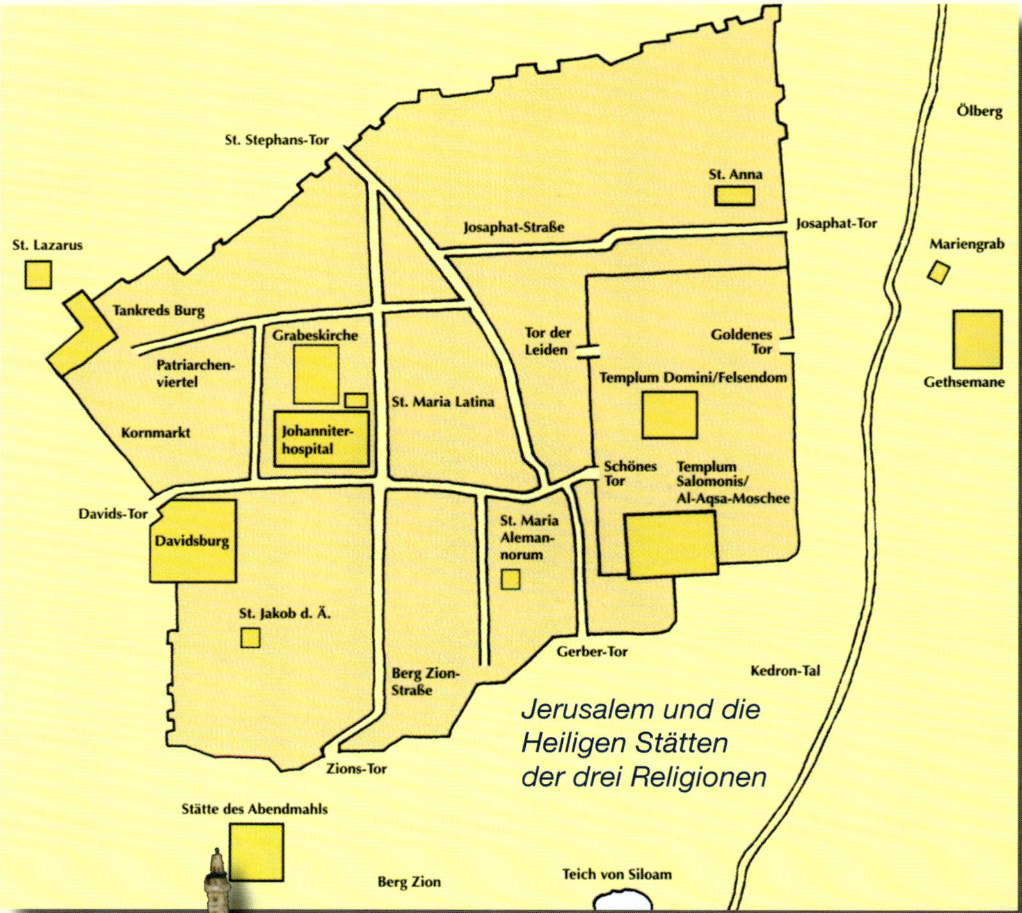

Jerusalem und die Heiligen Stätten der drei Religionen

Der Felsendom, bedeutendes Heiligtum der Muslime in Jerusalem, wurde auf dem Platz errichtet, auf dem der Prophet Mohammed bei seiner nächtlichen Reise einen Fußabdruck hinterlassen hatte. Auf dem Tempelberg wurde die Al-Aqsa-Moschee errichtet.

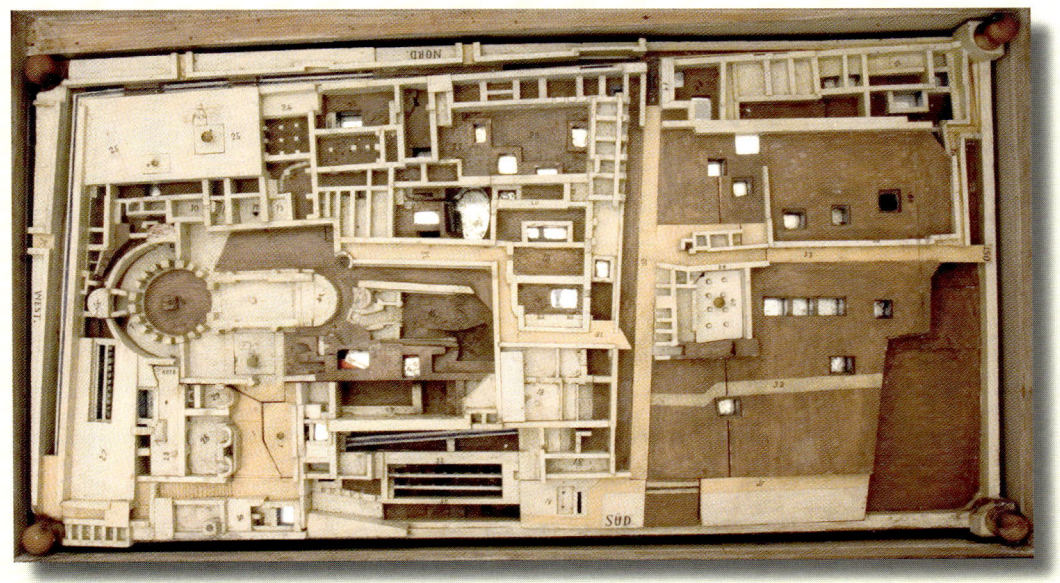

Den Kreuzfahrern ging es vor allem um das Grab Jesu Christi. Dies bestand ursprünglich aus einer in den Fels geschlagenen Kammer. Im Jahr 335 wurde um das Grab und den umliegenden Platz herum eine Kirche errichtet. Im Jahr 1009 wurde die Grabeskirche von dem Kalifen Al-Hakim zerstört. Die Kreuzfahrer erbauten sie neu.

Nach Mekka und Medina ist Jerusalem für die Muslime der dritte wichtige Wallfahrtsort und wird al-Quds (Das Heiligtum) genannt. Nach Jerusalem wurde der Prophet Mohammed bei seiner nächtlichen Reise (arab. Isra) von Mekka aus auf einem geflügelten Reittier (al-Buraq) getragen. Vom Heiligen Felsen aus stieg er auf der so genannten Himmelsleiter (arab. Mi'radsch) zu seiner Himmelfahrt auf, während der er Abraham, Moses und Jesus begegnete und bis zum Thron Allahs gelangte. Während dieser Reise wurde die Zahl der heute für Muslime verpflichtenden 5 täglichen Gebete festgelegt sowie das Gebot, Wein zu vermeiden, auferlegt.

Himmelfahrt Mohammeds. *Das Gesicht des Propheten Mohammed darf nicht dargestellt werden.*

WEM GEHÖRT JERUSALEM?

Jerusalem war und ist ein Anziehungspunkt für christliche, jüdische und muslimische Pilger. Jede Religion hat ihre eigenen Heiligtümer in Jerusalem. Jahr für Jahr kamen und kommen religiöse Menschen an diesen Ort, um dort zu beten. Diese Menschen, die extra zu diesem Zweck nach Jerusalem reisten, nennt man Pilger.

Als die Muslime Jerusalem im 7. Jahrhundert eroberten, zwangen sie die Juden und Christen, die in der Stadt lebten, weder diese zu verlassen noch zum Islam überzutreten. Sie erhoben von ihnen eine besondere Steuer, hinderten sie aber nicht daran, ihren Glauben auszuüben. Das Zusammenleben war über einen sehr langen Zeitraum friedlich. Nach wie vor kamen in jedem Jahr Pilger nach Jerusalem. In Palästina wurden zahlreiche Klöster und Hospizen erbaut, in denen die Gläubigen eine Unterkunft fanden. Seit dem 10. Jahrhundert nahm die Zahl der Reisenden ins Heilige Land stetig zu. Die Menschen glaubten an die Heilswirkung bestimmter Orte. Zudem gab es die so genannte Bußwallfahrt. Einem reuigen Sünder konnten in Jerusalem sogar schwere Verfehlungen wie z.B. Mord vergeben werden. Die Pilger brachten zahlreiche Andenken aus Jerusalem und Palästina mit – Sand aus der Wüste Sinai, Wasser aus dem Jordan, Öl aus den Lampen, die an den heiligen Stätten brannten, etc. Von ihnen erhofften sie

Die Menora, der siebenarmige Leuchter, ist nach jüdischem Glauben das Symbol für den zerstörten Tempel.

sich heilbringende Kräfte. Sie bewahrten die Andenken in Kapseln, Brustkreuzen oder Ampullen auf. Manche trugen sie um den Hals.

Nach der Eroberung Jerusalems durch die Kreuzfahrer wurde alles anders. Erst etwa 100 Jahre später, nach der Eroberung Jerusalems durch Sultan Saladin im Jahr 1187 wurde ein friedliches Zusammenleben wieder möglich.

KREUZFAHRERSTAATEN
im heiligen LAND

Nach der Eroberung Jerusalems im Jahr 1099 kehrten viele Ritter wieder in ihre Heimat zurück. Andere ließen sich im Vorderen Orient dauerhaft nieder. Sie wollten weiterhin dafür sorgen, dass die heiligen Stätten in den Händen der Christen blieben. Sie gründeten Ritterorden, z.B. den Templerorden.

Die christlichen Ritter errichteten im Heiligen Land entlang der Küste kleine Staaten. Sie bauten diese Staaten so auf wie sie es aus Europa kannten. Der oberste Herrscher war der König von Jerusalem. Ihm dienten die Fürsten. Wie in Europa erhielten sie Land zu Lehen, d.h. leihweise. Für dieses Land schuldeten sie dem Herrn Dienste, z.B. stellten sie Truppen im Kriegsfall.

In diesen Staaten und in den Städten lebten Christen und Muslime miteinander und nebeneinander. Die Kämpfe zwischen den muslimischen und den europäischen Befehlshabern hörten aber nicht auf. Zahlenmäßig waren die Muslime den Christen weit überlegen.

DER ZWEITE „KREUZZUG"

Die Kreuzfahrer versuchten, ihre Macht auszudehnen und zu festigen. Immer wieder kam es zu Auseinandersetzungen.
Eines der kleinen Königreiche, welche die Europäer errichtet hatten, war Edessa. Im Jahr 1143 gelang es dem muslimischen Feldherrn Zangi, die Grafschaft Edessa zu erobern. Nur wenige Jahre später rief der Papst Eugen III. erneut zu einem Kreuzzug auf. Der deutsche Kaiser Konrad III. und der französische König Ludwig VII. machten sich auf den Weg in den Orient, schafften es aber nicht, Edessa wieder zurückzuerobern.

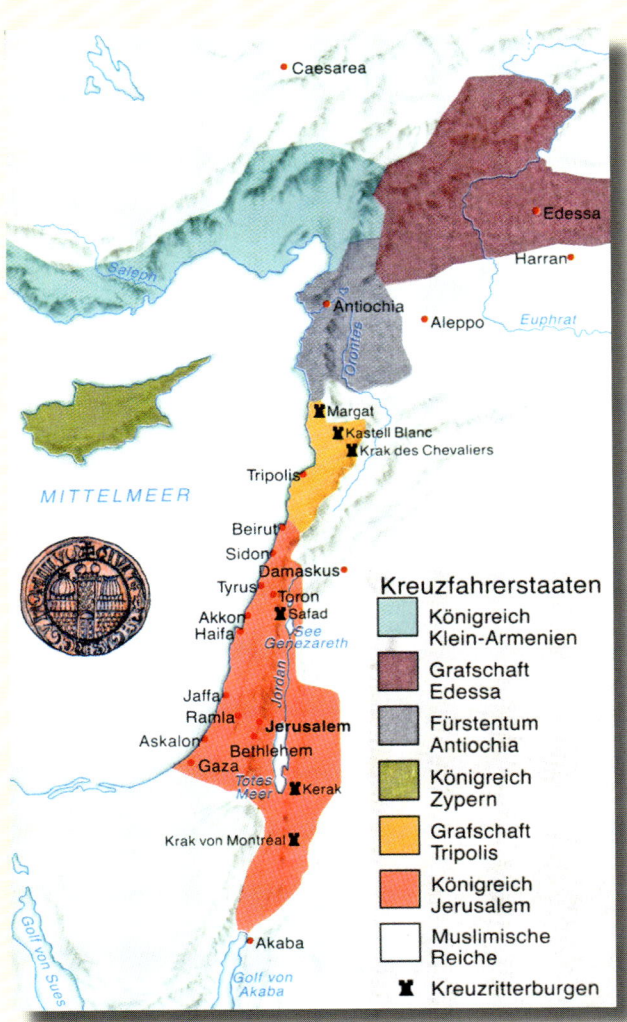

Im 12. Jahrhundert gab es zahlreiche Kämpfe, mal siegten die Kreuzfahrer, mal siegten die Muslime. Die muslimischen Staaten waren untereinander so zerstritten, so dass sie keine gemeinsame Front gegen die Fran-

ken, wie sie die Eindringlinge aus Europa nannten, bilden konnten. Im Frühjahr 1187 überfiel Rainald von Chatillon eine muslimische Karawane, die auf dem Weg von Damaskus nach Ägypten war.
Dies war nicht das erste Mal, dass grundlos muslimische Pilger oder Händler ausgeraubt worden waren. Sultan Saladin erklärte daraufhin den Franken den Krieg. Anfang Oktober des Jahres 1187 eroberte er Jerusalem von den Kreuzfahrern zurück.

Bernard von Clairvaux ruft in Vézelay zum 2. Kreuzzug auf.

Balduin sagte: „Das habe ich nicht gewusst." Der Seneschalle sprach: „Nun weißt du es, Balduin. Bitte tu mir einen Gefallen. Ich habe in der Stadt, im Viertel der Metallhandwerker, bei Yussuf ibn Kamil, Aquamanilien bestellt. Hole sie morgen früh für mich ab." Balduin nickte. „Aber morgen früh möchte Hugo ..." setzte er an. „Kümmere dich nicht um Hugo", erwiderte Clemens fest. „Ich möchte gerne, dass du das für mich erledigst. Und vergiss nicht, worüber wir gesprochen haben!"

Am nächsten Morgen stand Balduin sehr früh auf. Er ging in den Stall, versorgte Blitz und machte sich dann auf den Weg in die Stadt. Zuerst kam er durch das Viertel, in dem sich die Hersteller von Keramiken niedergelassen hatten. Rechts und links der schmalen Straße hatten die Händler und Handwerker ihre Waren aufgebaut. Durch die schmalen Fensteröffnungen konnte er einen Blick in die Werkstätten werfen. Balduin bestaunte die schönen und bun-

ten Gefäße. Sie sahen ganz anders aus als das einfache Geschirr, das er kannte. Vor einem Teller blieb er stehen. Auf ihm war ein Mann zu sehen, der einen Becher in der erhobenen Hand hielt. Dieser Teller war besonders schön. Er nahm ihn in die Hand.

Plötzlich stürmte der Händler aus dem Laden, entriss ihm den Teller, schimpfte und machte eine Drohgebärde! Die Teller waren für den Palast des Sultans bestimmt. Sie waren sehr kostbar. Balduin ging weiter. Er durfte nicht trödeln.

Balduin war angekommen. Er betrat den kleinen Laden von Yussuf ibn Kamil. „Ich bin gekommen, um die Aquamanilien abzuholen, die Clemens, der Tempelritter, bei ihnen bestellt hat", sagte er. „Sehr wohl. Ich werde sie holen und bitte um einen Moment Geduld." Der Händler verschwand hinter einem Vorhang in den hinteren Teil des Geschäftes.

Solches Geschirr mit Motiven wie z.B. einem Trinker wurde von der Oberschicht und am orientalischen Hof benutzt.

Schale mit Trinker

*Süßigkeitenteller:
In den zahlreichen Vertiefungen dieser Teller wurden den Gästen Süßigkeiten und Nüsse angeboten*

Teller mit Fisch

Aquamanilien sind Gießgefäße. In früherer Zeit wurden sie meistens während religiöser Feiern benutzt. Die Ritter wuschen sich an der Tafel die Hände. In dem Aquamanile befand sich Wasser, unter die Hände wurde oft noch ein Becken gehalten, um das Wasser wieder aufzufangen. Die Ritter hatten eine strenge Tischordnung. Vielleicht kommt euch die Redewendung ‚jemandem nicht das Wasser reichen', bekannt vor.

Im Orient wurden schon lange vor dieser Zeit solche Gießgefäße in Form von Tieren, oft waren dies Löwen, verwendet. Zur Zeit der Kreuzzüge übernahmen die europäischen Ritter diese Gefäße. Neben Löwen und Hirschen gibt es auch Aquamanilien in Form von Rittern, die auf einem Pferd sitzen.

Aquamanilien gab es in zahlreichen Formen. Hier zum Beispiel in Form eines Hirsches,

...oder in Form eines Löwen,

...oder sogar ... passend ... in Form eines Ritters.

Vor der Tür waren plötzlich laute Stimmen und Trubel zu hören. „Wo ist der Templer?" hörte er eine Stimme rufen. „Bei Yussuf", antwortete ein Mann mit dunkler Stimme. Ein magerer Junge mit einem schmalen Gesicht betrat den Laden und sah sich um. „Wo ist er?" fragte er. „Meinst du mich?" Balduin sah ihn an. Der Junge grinste. „Na, du wirst wohl kaum ein Tempelritter sein!" „Ich bin ein Knappe bei den Tempelrittern!" Balduin war in seinem Stolz getroffen. „Aber in einigen Jahren werde ich zum Tempelritter geschlagen", entgegnete er. „Nun gut, Templerknappe", sagte der Junge. „Sag mir, was dies bedeutet!"
In einer Hand hielt er ein Stück Pergament, in der anderen ein Siegel. „Das ist ein Stück Pergament", sagte Balduin, „und das andere ist ein Siegel." „Nun, bei deiner Intelligenz wäre es verwunderlich, wenn aus dir nicht ein großer Tempelritter werden würde", spottete der

Junge. Balduin war verwirrt. „Ich sehe, dass dies ein Stück Pergament und ein Siegel ist. Die Frage ist nur, was genau es ist."

Balduin sah sich das Siegel genauer an. Es zeigte zwei Ritter, die zusammen auf einem Pferd saßen. „Dies ist das Siegel der Tempelritter", sagte er. „Zwei Ritter auf einem Pferd. Es ist unser Symbol", sagte Balduin. „Ein Zeichen für Armut und ein Zeichen für Brüderlichkeit."

„Ich habe es mir gedacht", murmelte Salim, „dass es etwas mit den Templern zu tun hat. Deshalb habe ich nach dir gesucht, als ich hörte, dass du etwas bei Yussuf kaufst. Und was ist hiermit?" Er reichte Balduin das Stück Pergament. Darauf war eine Abbildung zu sehen. „Das ist eine Miniatur." Balduin nahm das Bild in die Hand und betrachtete es genau. „Sie wurde aus einem Buch herausgetrennt. Darauf sind Ritter zu sehen, die eine Stadt erobern. Was sie genau zeigt, das weiß ich aber nicht." Er gab Salim das Pergament zurück. „Warum willst Du das überhaupt wissen?"

Salim erklärte: „Vor zwei Wochen starb mein Großvater. Er war ein sehr gebildeter und guter Mann. Er tat immer sehr geheimnisvoll. Kurz bevor er starb, gab er mir diese beiden Gegenstände zusammen mit einem Brief. Er hat mir etwas vererbt, manche sagen, er habe von einem großen Schatz gewusst. Er wollte aber verhindern, dass meine Brüder etwas von der Erbschaft erhalten oder jemand anders davon erfährt."

„Warum?", fragte Balduin, „was ist mit deinen Geschwistern?" „Ach", sagte Salim, „mein älterer Bruder ist verblendet, Ich habe ihn lange nicht gesehen. Man vermutet, dass er auch Kontakt zu den Assassinen aufgenommen hat. Ich habe ihn lange nicht gesehen. Er ist voller Hass gegen die Franken. Mein jüngerer Bruder hat sich ihm angeschlossen und ist vor etwa einem Jahr mit ihm fort gegangen." Balduin sah ihn mitleidig an. „Und was ist mit dem Brief?" fragte er. Salim nahm ein zusammengefaltetes Stück Pergament aus seinem Gewand.

‚Ein Vater hatte drei Söhne. Er baute ihnen ein Haus. Es hatte zahlreiche Zimmer.
Es war so groß, dass sie alle zusammen leben konnten.
Doch die Söhne stritten untereinander.
Sie richteten Zimmer für ihren Vater ein und ein jeder von ihnen
Glaubte, es dem Vater am meisten recht zu machen.
Der Vater war betrübt, als er sah, dass seine Kinder miteinander kämpften.
Denn er liebte jeden seiner Söhne gleichermaßen.'

Balduin sah Salim fragend an. Dieser las weiter.

‚Dies, mein lieber Salim, ist ein Teil meiner Hinterlassenschaft und es ist ein Hinweis auf meine Hinterlassenschaft. Deute die Zeichen richtig, und Du wirst ein reicher Mann. Ein Hinweis noch, obwohl ich glaube, dass Du ein sehr intelligenter Junge bist: Besuche das Haus!'

Die Burg von Masyaf war Hauptsitz der berühmt-berüchtigten Assassinen, wie die Franken sie nannten. Die Assassinen, eine radikale islamische Sekte, waren auch unter dem Namen ‚hashishiyya' bekannt. Angeblich sollen sie ihre Attentate auf den sunnitisch-islamischen Staat unter den Ayyubiden unter Drogenrausch verübt haben. Saladin gelang es mehrmals, einem Anschlag zu entkommen.

Auf Seite 31 geht es weiter ...

Dann hatte er eine Idee. „Diese Malereien werden hier in Akkon hergestellt. Es gibt am anderen Ende der Stadt ein Skriptorium." „Ein was?", fragte Salim. „Ein Skriptorium", erklärte Balduin. „In einem Skriptorium werden die Bücher abgeschrieben. Dort werden sie auch mit diesen Miniaturen verziert. Diese Bilder zeigen, was genau passiert ist. Wenn dein Großvater im Besitz einer dieser Miniaturen war, dann kann es doch sein, dass er sie hier aus Akkon hatte. Dort werden sie uns bestimmt sagen können, was wir dort sehen."

„Worauf warten wir dann noch?" Salim verstaute die Sachen wieder sicher in seinem Gewand und ging zur Tür hinaus. Yussuf war mit den Aquamanilien noch nicht zurück. Für eine Sekunde zögerte Balduin. Doch die Neugier siegte. Er folgte Salim. Ein älterer Mann saß an einem schmalen Tisch. In der rechten Hand hielt er einen Federkiel und kritzelte eifrig etwas auf ein Stück Pergament. In der linken Hand hielt er ein kleines Messer. Auf dem Tisch standen ein Tintenfass und ein Krug, der mit Bier gefüllt war sowie eine kleine Öllampe.
Balduin räusperte sich und einer der Schreiber hob den Kopf und sah die beiden Jungen an. „Bitte entschuldigen sie die Störung", begann Balduin höflich. „Wir haben hier eine Zeichnung und wüssten gerne, ob sie hier im Skriptorium angefertigt wurde und was darauf zu sehen ist." Der Mann erhob sich und nahm das Stück Pergament in die Hand. „Ja, das ist

eine Arbeit von uns", sagte er nach kurzer Betrachtung. „Es ist aus dem Buch des Wilhelm von Tyrus und zeigt die Eroberung Jerusalems durch die Franken." Als er die ratlosen Gesichter der beiden Jungen sah, fuhr er fort. „Wilhelm von Tyrus schrieb ein Buch, in dem er die Ereignisse seit der Ankunft der Franken hier im Orient schilderte. Es ist das wichtigste Buch, das wir hier im Skriptorium haben und ist schon einige Male von uns abgeschrieben worden.

Bevor im Jahr 1450 Johannes Gutenberg den Buchdruck erfand, mussten die Bücher immer wieder von Hand abgeschrieben werden. Anfangs übernahmen ausschließlich Mönche diese langwierige Arbeit. Später wurde das Schreiben zu einem angesehenen Beruf, und die Schriften wurden mit kunstvollen Miniaturen versehen.
Die Schreibfedern waren die Schwungfedern großer Vögel. Die Spitze wurde mit einem Messer schräg zugeschnitten. Wurde die Feder nun in das kleine Gefäß mit der Tinte getaucht, so sammelte sich etwas Tinte in dem hohlen Kiel. Damit konnte man schreiben oder malen. Die Tinten und Farben wurden aus verschiedenen Zutaten gemischt. Nun kam es aber auch vor, dass man sich verschrieb. Dafür hatten die Schreiber das kleine Messer in der linken Hand. Damit konnten sie die oberste Schicht des Pergaments immer wieder abkratzen und neu beschreiben.

Dieses Bild zeigt einen Ausschnitt aus der Geschichte. So, nun habt ihr meine Zeit aber genug in Anspruch genommen. Ich muss mich wieder an meine Arbeit machen."
Noch bevor die beiden Jungen etwas sagen konnten, war der Mann an sein Pult zurückgekehrt und fuhr fort mit der Feder auf dem Pergament zu schreiben.
Die beiden Jungen murmelten einen Dank und verließen das Skriptorium wieder. Sie setzten sich auf einen Mauervorsprung. „Nun sind wir nicht viel weiter gekommen", sagte Salim. Balduin dachte nach. „Es zeigt die Erobe- 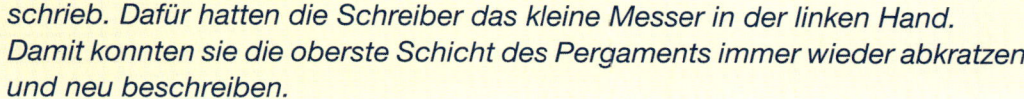 rung Jerusalems", sagte er. Das wussten

wir vorher nicht." „Schön", entgegnete Salim, „das hat uns aber nichts gebracht." Inzwischen war es schon später Nachmittag geworden. Balduin fiel plötzlich siedendheiß ein, dass er ja noch die Aquamanilien von Yussuf holen musste. Hugo würde ihn umbringen, wenn er so spät nach Hause kam.

„Laß uns gehen", sagte Salim, „heute kommen wir nicht weiter. Ich muss den gleichen Weg gehen. Unser Haus liegt nicht weit von Yussuf entfernt und ich denke, du wirst es nicht wie-

der finden – oder?" Balduin dankte ihm und gemeinsam machten sie sich auf den Weg. Als sie gerade in die Straße einbogen, in der das Haus stand, in dem Salim lebte, hielt Salim plötzlich inne und drückte Balduin in einen Hauseingang. Es gelang ihnen, sich gerade noch rechtzeitig zu verstecken, bevor sie bemerkt wurden! Eine Gruppe dunkel gekleideter Männer verschwand im Hauseingang.

„Wer ist das?", flüsterte Balduin. „Ich weiß es nicht!" Salim sah besorgt aus. Langsam und leise schlichen sie zum Fenster. Unter dem geöffneten Fenster hockten die beiden Jungen sich hin und lauschten angestrengt. „Wo ist es?", fragte einer der Männer in einem harschen Ton. „Gib es mir, oder du wirst die letzten Tage deine Instrumente gebaut haben!" Salim hörte, wie sein Vater antwortete. Er richtete sich auf, voller Angst um seinen Vater. Die Männer standen mit dem Rücken zu ihm. Sein Vater konnte ihn aber sehen. Für einen kur-

zen Moment weiteten sich dessen Augen und ihre Blicke trafen sich kurz. Er sah erschreckt aus. Doch die Männer bemerkten nichts. Mit einer drohenden Gebärde ging der Mann auf Salims Vater zu. „Sag mir, wo die Hinweise auf die Erbschaft sind!"

Salims Vater entgegnete: „Ich weiß es nicht! Mein Vater hat mir nichts von einer Erbschaft gesagt. Bitte gehen sie doch in die Werkstatt. Dort sind alle Sachen, die Ibrahim besessen hat." „Das Werkzeug ist mir egal. Dafür haben wir keine Verwendung. Ich meine den Schatz, den er versteckte." „Ich weiß nichts von einem Schatz." „Ich will es dir sogar glauben", die Stimme des Mannes klang verdächtig ruhig. „Ich vermute, dass Ibrahim diesem kleinen Tunichtgut den Schatz anvertraut hat, diesem Salim. Wo ist er?"

„Wie sie sehen, ist er nicht hier, er ist morgens aus dem Haus gegangen und nicht zurückgekehrt. Ich weiß nicht, ob und wann er wieder nach Hause kommt." Mit diesem Worten sah Salims Vater wieder zu seinem Sohn herüber. Nur für einen kurzen Moment, aber Salim hatte verstanden. Heute Nacht sollte er nicht nach Hause zurückkommen.

Die beiden Jungen schlichen vorsichtig am Haus vorbei und bogen in eine Nebenstraße ein. „Was machen wir nun? Was waren das für Leute?" fragte Balduin. „Ich kenne sie nicht." entgegnete Salim. Er schien in höchstem Maße beunruhigt. „Man munkelt, dass Ibrahim einen großen Schatz besaß, oder wusste, wo sich ein großer Schatz befindet. Ich vermute, dass diese Männer über meine Brüder von Ibrahims Tod und von der Erbschaft erfahren haben. Mein Vater und ich sind in großer Gefahr! Wenn ich nicht wüsste, dass dieser Schatz für meinen Großvater die größte Bedeutung besessen hatte, so dass er es extra mir als Rätsel aufgetragen hat ... ich muss mich verstecken, bis diese Sache geklärt ist." „Du kommst mit zu mir", sagte Balduin. „In der Templerfestung werden sie dich nicht vermuten!"

Gemeinsam gingen sie zu Yussuf und holten die Aquamanilien ab. Es war schon sehr spät, als sie die Templerfestung erreichten. Unbemerkt schlichen die beiden durch den Eingang. „Lass uns uns beeilen!" flüsterte Balduin Salim zu. Sie rannten um die Ecke und .... prallten genau in Hugo hinein! Noch bevor Hugo aber zum Donnerwetter ansetzen konnte, nahte die Rettung. Clemens kam um die Ecke. Hugo begrüßte den Seneschall.

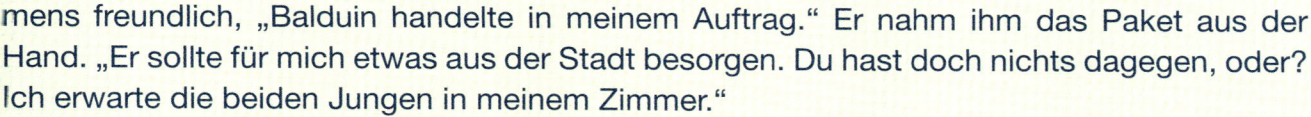

„Hier habe ich zwei Jungen, einer mutet mir fremd an. Balduin hat einen Verräter in die Burg gebracht. Ich werde sie bestrafen!" „Mein lieber Ritter Hugo", sagte Clemens freundlich, „Balduin handelte in meinem Auftrag." Er nahm ihm das Paket aus der Hand. „Er sollte für mich etwas aus der Stadt besorgen. Du hast doch nichts dagegen, oder? Ich erwarte die beiden Jungen in meinem Zimmer."

Clemens sah die beiden Jungen prüfend an. Aufgeregt berichtete Balduin, was alles an diesem Tag passiert war, reichte ihm das Siegel und die Miniatur. „Warum hat Salims Großvater ihm diese Dinge überreicht?"

„Weil er ein vorausschauender Mann ist", entgegnete Clemens. „Er wusste um die Gefahr, und auch, dass Salim von den Brüdern der einzige ist, dem er sein Geheimnis anvertrauen konnte."

„Ich kannte Ibrahim", sprach Clemens weiter. „Er war ein weiser und guter Mann."

„Sie kannten meinen Großvater?" Salim war überrascht. „Aber Sie sind doch ein .... ein Templer!" „Nichts desto trotz waren wir miteinander befreundet. Nur weil wir eine unterschiedliche Religion haben, müssen wir keine Feinde sein. Auf unterschiedlichen Seiten haben wir nur beim Schach gekämpft. Regelmäßig haben wir eine Partie miteinander gespielt. Ich habe Ibrahim sehr geschätzt."

Salim blickte ihn verwundert an. „Aber wieso das Templersiegel? Was bedeuten die Hinweise? Hier ist auch noch sein Brief. Salim reichte ihm die Zeilen seines Großvaters.

Clemens überflog den Brief und lächelte kurz. „Ja, diese Zeilen können nur von Ibrahim stammen. Nun, ich bin mir sicher, dass du hinter dieses Geheimnis kommen wirst. Zu den anderen Sachen: Nun, ich denke, das hat zwei Gründe; zum einen solltest du den Kontakt zu den Templern herstellen. Das hast du getan. Das andere ist der versteckte Hinweis, wo sich das, was dein Großvater dir hinterlassen hat, befindet. Was habt ihr denn bislang

herausgefunden?" "Nun, ein Hinweis führt uns hierher. Der andere Hinweis hingegen deutet auf Jerusalem." "Nun, ich denke, ihr solltet folgendes wissen: Die Templer waren nicht immer hier in Akkon. Im Jahr 1119 verband sich ein Kreuzfahrer namens Hugo von Payens mit acht seiner Gefährten. Aus dieser Gemeinschaft entstand der Templerorden. Ihre Aufgabe war es, die Heiligen Stätten zu schützen und sich um die Pilger zu kümmern, die den beschwerlichen Weg ins Heilige Land auf sich genommen haben. Weißt du nicht, warum wir uns Tempelritter nennen, Balduin?" Dieser schüttelte den Kopf. Das hatte er sich nie gefragt.

Es kam nicht selten vor, dass Muslime und Christen in Friedenszeiten eine Partie Schach miteinander spielten. Das Spiel hatte einen hohen Stellenwert im höfischen Leben in beiden Kulturen. Ursprünglich stammte das Spiel wohl aus Indien und wurde im 7. Jahrhundert im arabischen Raum bekannt. Im 8. Jahrhundert war es bereits weit verbreitet und wurde über das islamische Spanien auch in Europa bekannt.

„Nun, am Anfang", fuhr Clemens fort, „hatten wir noch keinen festen Sitz. Erst der König von Jerusalem, Balduin II., ja richtig, dein Namensvetter", setzte er hinzu, „wies dem Templerorden einen standesgemäßen Sitz zu, in dem Palast, der auf dem Gelände erbaut wurde, auf dem einst der Tempel des Herodes gestanden haben soll. Daher der Name Tempelritter. Als Sultan Saladin die Stadt zurückeroberte, war es vorbei mit dem Königreich Jerusalem, und auch die Templer nahmen einen neuen Sitz ein. Hier in Akkon."

Sultan Saladin stammte aus einer Offiziersfamilie. Mit 24 Jahren diente er dem Feldherren Nur ad-Din. Er begleitete ihn auf zahlreiche Feldzüge. Nachdem Saladin das ägyptische Herrscherhaus gestürzt hatte, war er damit Wesir und Oberbefehlshaber der ägyptischen Truppen. Daraufhin ging er auch gegen die Kreuzfahrerstaaten vor. 1187 schaffte er es, Jerusalem zurückzuerobern. Saladin wurde selbst von den Franken geachtet. Seine Toleranz gegenüber seinen Feinden, sein Sinn für Gerechtigkeit und sein Mitgefühl für Arme wurden gelobt. Die arabischen Geschichtsschreiber charakterisieren ihn als ehrlich, mutig und gerecht. Saladin starb im Jahr 1193 in Damaskus.

„Aber dann deuten ja die Zeichen auf ... Jerusalem!", warf Salim aufgeregt ein. „Mein Großvater hat den Schatz in Jerusalem versteckt!" Er sprang auf und warf dabei den Stuhl um. „Wir gehen nach Jerusalem!"
„Nun mal langsam", entgegnete Clemens. „Zuerst einmal hast du, Balduin, nicht die Erlaubnis nach Jerusalem zu gehen. Zudem ist es Nacht. Es ist gefährlich. Selbst die Karawane, die morgen früh nach Jerusalem aufbrechen wird und die den Weg und die Gefahren genau kennt", fügte er hinzu, „wartet bis zum Morgengrauen!" Balduin hatte verstanden. Natürlich durfte Clemens ihm nicht gestatten, einfach nach Jerusalem zu ziehen. Aber er hatte ihm eine Möglichkeit gezeigt, sicher nach Jerusalem zu gelangen.

Die Ouds ist das wichtigste Instrument der klassischen arabischen Musik. Sie ist unmittelbarer Vorläufer der europäischen Laute. Heimkehrende Kreuzfahrer machten sie in Europa bekannt.

Auch Salim hatte begriffen. Die beiden Jungen legten sich schlafen. Im Morgengrauen gingen sie gemeinsam zur Karawanserei. Seltsamerweise hatte der Führer der Karawane nichts dagegen, dass die beiden Jungen sich ihm anschlossen. Es dauerte mehrere Tage, bis sie sich kurz vor Jerusalem befanden. Als es Nacht wurde, entzündeten sie ein Lagerfeuer. Salim nahm ein Instrument in die Hand und begann zu singen. Das Instrument hatte fünf Saiten. Für Balduin klangen die Musik und der Gesang fremd, doch es gefiel ihm Ein ähnliches Instrument hatte er in seiner Heimat schon gesehen. „Wovon handelt das Lied?", fragte Balduin als Salim das Lied zuende gesungen und die Laute beiseite gelegt hatte. „Nun, das Lied erzählt von den Wundern der Natur, von der Schöpfung und von Allah", antwortete Salim. „Von Allah... also von eurem Gott?", warf Balduin fragend ein. „Von un-

CHRISTENTUM und ISLAM

Der Islam und das Christentum sind nicht zwei völlig unterschiedliche Religionen. Sie sind sich sehr ähnlich, und sie haben die gleichen Wurzeln.

Für den Muslim gibt es fünf Pflichten, die er im Alltag zu erfüllen hat. Das Glaubensbekenntnis. Das muslimische Glaubensbekenntnis ist ziemlich kurz. Es bringt die wichtigsten Glaubensinhalte auf den Punkt. Übersetzt heißt es: ‚Es gibt keinen Gott außer Allah und Mohammed ist sein Prophet.'

Damit sagt ein Muslim, dass er nur an einen Gott glaubt. Auch Christen glauben daran. Mohammed ist der Prophet und Gesandte Gottes. Muslime glauben, dass Gott mit Hilfe des Propheten Mohammed zu den Menschen gesprochen hat. Diese Worte sind im Koran festgehalten. Deshalb hat der Koran so große Bedeutung für die Muslime, da alles, was darin steht, direkt von Gott stammt.

Die zweite Pflicht ist das Gebet, welches fünf Mal am Tag aufgesagt wird.

Die dritte Pflicht ist eine Abgabe an Arme. Ein gläubiger Muslim sollte sich daran erinnern, dass aller Reichtum den Menschen von Gott nur anvertraut wurde, und dass die Reichen ihr Geld mit den Armen teilen sollten. Almosen zu geben und sich um Arme zu kümmern ist auch für Christen verpflichtend.

Die vierte Pflicht der Muslime ist das Fasten im Monat Ramadan. Für etwa vier Wochen im Jahr fastet der gläubige Muslim zwischen Sonnenauf- und Sonnenuntergang. Die christliche Kirche hat heute das Fasten ziemlich gelockert, viele Katholiken verzichten aber immer noch am Freitag auf Fleisch und fasten in der Zeit vor Ostern. Vom christlichen Fasten leitet sich auch das Wort Karneval ab. Mit dieser Feier wird die Fastenzeit eingeleitet (carne vale – der Abschiedsruf „Fleisch lebe wohl").

Die fünfte Pflicht ist die Pilgerfahrt, die Muslime nach Mekka unternehmen, wo sich das zentrale Heiligtum, die Kaaba, befindet. Berühmte christliche Pilgerorte sind Jerusalem, Santiago de Compostela in Spanien oder Lourdes, in Frankreich.

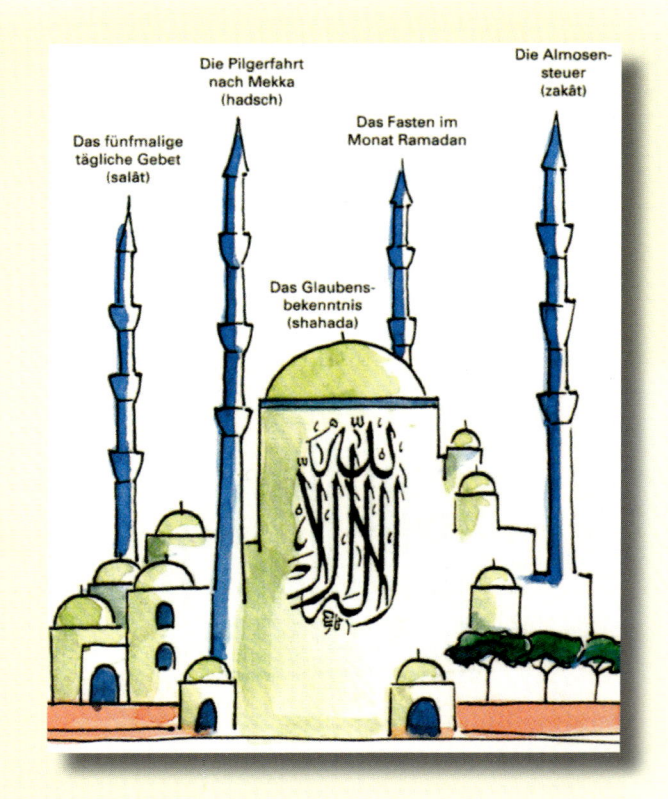

serem Gott, sowohl von meinem als auch von deinem. Es gibt nur einen Gott!" Balduin sah Salim fragend an. „Einen Gott?" „Ja, sicher", sagte Salim. „Aber ihr seid doch Muslime. Ihr glaubt an etwas ganz anderes." „Nun, woran glaubt ihr denn?", fragte Salim.
Wir glauben an einen Gott, einen allmächtigen und barmherzigen Gott, an das Paradies, an die Hölle ... " Balduin musste überlegen wie er kurz zusammenfassen sollte, woran die Christen glaubten. „Daran glauben wir auch", sagte Salim.
„Wir glauben an Abraham, an Moses, an Noah und an Jesus Christus", entgegnete Balduin schnell, „ihr nicht!"
„Aber natürlich glauben wir an sie! Moses heißt auf Arabisch Musa, Jesus heißt Isa und im Koran, unserer Bibel, wenn du so willst, steht, er ist der Sohn von Maryam, der Jungfrau Maria. Er hat viele Wunder vollbracht und Gottes Wort gepredigt."

„Aber ..." Balduin war verwirrt, „Hugo sagt, ihr glaubt nicht an den Sohn Gottes!" „Da hat Hugo Recht. Wir glauben nicht, dass Jesus Gottes Sohn war. Jesus war ein Prophet und ein Gesandter Gottes und wir Muslime schätzen ihn sehr." „Das habe ich nicht gewusst", sagte Balduin.

„Ja, das kann ich mir denken, dass Hugo dir so etwas nicht erzählt hat. Na ja, vermutlich hat er es auch nicht gewusst." Salim legte sich hin. „So, nun lass uns schlafen. Wir müssen morgen in aller Frühe aufbrechen."

Balduin dachte ‚Das ist also Jerusalem', als sie die Stadt betraten. Menschenmassen drängten sich durch die Gassen. „Wo gehen wir nun hin?", fragte Salim ratlos. Einer der Händler der Karawane kam auf die beiden Jungen zu. Er verabschiedete sich und gab Balduin ein Stück Pergament. „Dies hat mir Clemens gegeben."

Auf dem Pergament stand der Name *Bertram* und eine Adresse. Sie standen vor einem Eingang zu einem kleinen Haus, das sich in der Nähe der Grabeskirche befand. Vorsichtig klopfte Balduin an.

Ein schmächtiger, kleiner Priester in einem schwarzen Gewand und mit einem langen weißen Bart öffnete die Tür. „Was kann ich für euch tun?", fragte er, „seid ihr gekommen als Pilger, um das Grab des Herrn zu besuchen?"

„Ähm", sagte Balduin, „eigentlich... also... wissen wir nicht genau, warum wir hier sind." „Der Seneschalle Clemens von der Tempelritterburg in Akkon hat uns Euren Namen genannt", fügte Salim hinzu, „Ich bin Salim, Sohn des Sai'd, Sohn des Instrumentenbauers Ibrahim aus Akkon." Das ernste Gesicht des alten Priesters erhellte sich. „Salim, ich habe gehofft, dass du zu mir findest. Und wer ist dein Begleiter?" Balduin räusperte sich. „Ich bin Balduin, Knappe bei den Tempelrittern. Mein Herr ist Ritter Hugo." „Hugo, der Einäugige? Nun ich habe schon von ihm gehört. Nun kommt doch erst einmal herein." Er trat einen Schritt zur Seite. Balduin unterließ es, weiter zu fragen, was er denn gehört hatte. Es konnte nichts Gutes sein. So folgte er Salim in das Haus des Priesters. „Ist euch jemand gefolgt?", fragte Bertram. „Ich glaube nicht, wie kommt Ihr darauf?", fragte Salim. „Nun", begann Bertram. „Seit zwei Tagen sind finstere Gestalten in der Stadt. Sie suchen etwas! Etwas, wonach Du vermutlich ebenfalls suchst, mein Junge." „Ich weiß nicht, wonach ich suche", sagte Salim. „Mein Großvater hat..."

Plötzlich schlug jemand gegen die Tür! Ein heftiges Poltern und Rütteln und eine dunkle, barsche und laute Stimme sagte: „Wir wissen, wo du bist, Salim! Komm raus und gib uns das, was uns zusteht!"

Sie erschraken. Schnell drückte Bertram den Jungen mehrere Blätter in die Hand. „Hier, nehmt das, das hat mir Ibrahim übermittelt." Ein weiteres Poltern! Das Hämmern wurde heftiger! Dann trat jemand gegen die Tür. Holz splitterte!

„Kommt hier heraus, durch den Hintereingang!" Der Priester führte die beiden Jungen durch einen Hintereingang in eine schmale Seitengasse und schloss die Tür hinter sich.

In diesem Moment gab das Holz den Tritten nach und zerbarst. Die Männer stürmten in das Haus. Die Jungen rannten los, rechts und links durch die Gassen, ohne eine Ahnung zu haben, wohin sie rennen sollten. Nur weg von hier! Erst in sicherem Abstand hielten sie keuchend inne. Sie blickten sich um. Der Weg hinter ihnen war leer. Sie hatten es geschafft, die Verfolger abzuschütteln.

Sie stellen sich in einen Hauseingang, und Balduin holte die Blätter hervor, die ihnen Bertram gegeben hatte. Auf dem ersten Blatt befanden sich ein seltsames Instrument, einige Rekonstruktionszeichnungen und mehrere Sätze in arabischer Schrift.

Balduin reichte es Salim weiter. Nachdem dieser die Zeichnungen für einen Moment ratlos betrachtet hatte, lächelte er. „Das sind Zeichnungen von dem neuen Astrolabium, welches mein Großvater erfunden hat", erklärte er. „Ibrahim hatte mir davon erzählt. In den letzten Monaten hat er wieder und wieder von einer Erfindung gesprochen. Es ist etwas ganz neues. Nun hat er es mir anvertraut. Ich hoffe, dass ich es vollenden kann."

„Was ist ein Astrolabium?", fragte Balduin. „Nun, unsere Familie stellt seit hundert Jahren Astrolabien her. Mit diesen Instrumenten kann man seinen Standort anhand des Nachthimmels bestimmen. So finden zum Beispiel Kameltreiber ihren Weg durch die Wüste. Man kann auch die Zeit damit messen, die Höhe der Sterne und ihre genaue Position. Ibrahim hat es weiterentwickelt und mir die Pläne hinterlassen. Ich habe nun eine Aufgabe. Doch sag mir, was steht auf den anderen Seiten?"

Salim, ich habe nicht daran gezweifelt, dass Du finden wirst, was ich Dir hinterlassen habe. Du bist ein wacher Junge. Nutze die Pläne gut und Du wirst eines Tages ein reicher und berühmter Mann. Doch das, was ich Dir eigentlich mitgeben wollte, das hat höheren Wert. Du hast das Haus gefunden. Nun, da Du in ihm bist, betrachte auch die Zimmer. Dann gehe in das Zimmer des mittleren Sohnes. Dort wirst Du etwas finden. Einen Schatz von dem ich auch nur gehört habe und sorge dafür, dass er sicher ist. Viele sind hinter ihm her. Nicht immer ist das wertvolle auf den ersten Blick zu erkennen. Im Einfachen kann das Besondere verborgen liegen. Bedenke, was Isa, der Gesandte, eigentlich war und wähle und bringe es an einen sicheren Ort.

Balduin sah Salim ratlos an. „Was meint er damit?" Salim wusste ebenfalls nichts damit anzufangen. „Wir haben das Haus gefunden?", sagte er fragend. „Das Haus von Bertram? Woher sollte er wissen, dass wir zu Bertram gegangen sind? Und was ist mit den Söhnen?"
„Nun, wir sind nach Jerusalem gekommen", überlegte Balduin, „dies ist die Heilige Stadt. Für die Juden, die Muslime und die Christen ... Hier stehen der Felsendom, die Mauer vom Tempel Salomos und das Grab des Herrn ..."

Plötzlich fiel es ihm ein! Auch Salim blickte ihn mit großen Augen an. „Wir sind im Haus des Herrn!", rief Salim laut aus.
„Pscht!" Balduin blickte sich um. „Wir müssen aufpassen! Die Verfolger sind vielleicht nicht weit... Das Haus des Herrn ist Jerusalem!" „Für jede Religion hat Jerusalem besondere Bedeutung. Die drei Söhne, das sind die Juden, die Christen und die Muslime. Ein Gott, drei Religionen. Die drei Zimmer, das sind die Heiligtümer."
Die beiden Jungen waren aufgeregt. „Und was sollen wir nun suchen? Das Zimmer des mittleren Sohnes! Die jüdische Religion ist die älteste, der Islam die jüngste. Das heißt, wir müssen ..." rief Salim aus. „Zur Grabeskirche", ergänzte Balduin, und die

Jungen brachen auf. Nur wenige Minuten später betraten sie die Grabeskirche. Der Raum war erleuchtet mit zahlreichen Öllampen. Alles war feierlich. Sie blickten sich um. In einer kleinen Nische standen mehrere Kreuze, manche mit Edelsteinen und Gold bedeckt, manche schlicht und einfach – oder mit nur wenigen Steinen besetzt.

„Ihr habt also hierher gefunden." Die beiden Jungen hörten hinter sich eine bekannte Stimme – Bertram! „Bertram", sagten sie wie aus einem Mund. „Ihr seid den Verfolgern entkommen?"

„Ja, ich konnte sie abschütteln! Sie suchen nach dem Wahren Kreuz." „Wonach?", fragten die Jungen.

„Nun, es gibt die Legende vom Wahren Kreuz", erzählte Bertram mit flüsternder Stimme und blickte sich um. „Das Wahre Kreuz ist ein größerer Teil des Kreuzes, an dem Jesus Christus gekreuzigt wurde. Es ging in der Schlacht bei Hattin, als Sultan Saladin die Franken besiegte und Jerusalem einnahm, wohl verloren.
Doch einige wenige wussten angeblich von seinem Verbleib. Ich habe immer vermutet, dass Ibrahim und Clemens der Templer wussten, wo es verblieben ist. Hat Ibrahim euch einen Hinweis darauf gegeben?" „Es könnte sein", sagten die Jungen. Noch einmal blickten sie auf das Stück Pergament.

Nicht immer ist das Wertvolle auf den ersten Blick zu erkennen. Im Einfachen kann das Besondere verborgen liegen. Bedenke, was Isa, der Gesandte, eigentlich war und wähle.

„Er war ein Zimmermann", sagte Balduin. Sie betrachteten die Kreuze. In einer Ecke befand sich ein schlichtes Behältnis in Form eines Kreuzes aus Holz, welches nur wenig verziert war. Bertram nahm es in die Hand. „Das soll es also sein, das Kreuz des Herrn", sagte er. Er hielt es für einen Moment andächtig in den Händen. Dann gab er es Balduin.

„Bringe es nach Europa, mein Junge. Es gibt ein Heiligtum in Santiago de Compostela, in Spanien. Ich habe dort einen Vetter. Dort wird es sicher sein. Hier in Jerusalem ist es in Gefahr. Ich muss hier bleiben. Ich bin Priester der Grabeskirche. Saladin hat den Christen gestattet, zwei Priester zur Betreuung der Pilger zu ernennen. Ich bin einer von ihnen und muss hier meinen Dienst ableisten. Du bist noch jung. Die Reise wird beschwerlich. Willst du sie auf dich nehmen?"

„Ich werde gehen und das Kreuz nach Santiago bringen", sagte Balduin entschlossen. „Ich möchte nicht zurückkehren in die Templerburg und ich möchte auch kein Ritter werden! Ich möchte die Muslime nicht bekämpfen! Ich werde auf dem Weg sehen, was das Schicksal mit mir vorhat. Was wirst du nun tun, Salim?" Salim seufzte. „Ich weiß es nicht. Vorerst kann ich nicht zurück nach Akkon. Ich werde nach Damaskus gehen, wo ich einen Onkel habe, der das Handwerk meiner Familie beherrscht und bei ihm einige Jahre in die Lehre gehen. Dann werde ich versuchen, zu Ende zu bringen, was mein Großvater begonnen hat. Lebe wohl, Balduin!"

„Lebe wohl!", entgegnete Balduin, umarmte den Freund zum Abschied und machte sich auf seine lange Reise.

Das ‚Wahre Kreuz', an dem Jesus Christus gekreuzigt wurde, entdeckte die Mutter Kaiser Constantin's I. angeblich im 4. Jahrhundert. Ein Teil des Kreuzes wurde nach Konstantinopel (dem heutigen Istanbul) gebracht, ein weiterer Teil blieb in der Grabeskirche in Jerusalem. Lange Zeit fand dieser Teil des Kreuzes keine Beachtung. Bei der Eroberung Jerusalems durch die Kreuzfahrer wurde er wieder entdeckt und zu einem wichtigen Gegenstand. So wichtig, dass das Kreuz in die Schlachten mitgenommen wurde. In der Schlacht bei Hattin im Jahr 1187 ging es verloren. Bis heute existieren über den Verbleib nur Gerüchte.

Weitere kleine Stücke, die angeblich vom ‚Wahren Kreuz' stammten, wurden in kostbaren Behältern nach Europa gebracht.

Das Kreuz im Hintergrund enthält angeblich einen Teil vom ‚Wahren Kreuz'. Es stammt ursprünglich aus Jerusalem und wurde im Mittelalter nach Santiago de Compostela gebracht. Dort befindet es sich noch heute.

Abbildungsnachweise:
S. 5: Augsburg, Römisches Museum, Städtische Kunstsammlungen; S. 6, S. 26 (links und Mitte): Nationalmuseum Damaskus; S. 7 (links): Darmstadt, Hessisches Landesmuseum; S. 7 (rechts): Schleswig, Landesmuseum für Kunst und Kulturgeschichte; S. 9, S. 16 (unten), S. 18 (oben): Mainz, Dom- und Diözesanmuseum; S. 10: Baltimore, Walters Art Museum; S. 11, 13, S. 32, S. 37: London, British Library; S. 14, S. 16 (oben), S. 24, S. 28 (oben): Paris, Bibliothèque Nationale; S. 17: Berlin, Archiv für Kunst und Geschichte; S. 18 (unten): Köln, Deutscher Verein vom Heiligen Lande, Paulushaus; S. 19: Jerusalem, Deutsches Evangelisches Institut für Altertumswissenschaften des Heiligen Landes; S. 20: Berlin, Museum für Islamische Kunst; S. 21: Berlin, Staatliche Museen, Antikensammlung; S. 22: Celle, Bomann-Museum; S. 23: aus: ‚Was ist Was? Die Kreuzzüge, Band 60, Nürnberg 1993, S. 22; S. 26 (rechts): Kopenhagen, Davids Samling; S. 27 (links): München, Staatliches Museum für Völkerkunde; (Mitte, rechts): Kopenhagen, Nationalmuseum; S. 28 (unten): Amberg, Staatsarchiv; S. 29: M. Fansa; S. 36 (links): Madrid, Patrimonio Nacional; (rechts): Al-Sabah-Collection, Kuwait; S. 38: Frankfurt, Institut für Geschichte der Arabisch-Islamischen Wissenschaften; S. 47: Santiago de Compostela.

Illustrationen:
S. 3, 8, 17, 25, 28, 30, 31, 31, 33, 34, 35, 36 (oben links), 41, 42, 44 und 46: Mesut Aydin.